"사람들이 하는 말이 우리에게 중요한가?"

소크라테스가 하품을 하며 말했다.

"내게 죽는 문제가 중요한가?
중요한 것은 사는 것이 아니라 잘 사는 것일세.
말하자면 정의롭게 사는 것이지
자네는 그렇게 생각하지 않는가?"

목차

"아폴론의 신탁을 전하는 예언자시여, 말해 주소서. 그리스에서 가장 현명한 사람은 누구입니까?"[1]

"그리스에도, 그리스 아닌 곳에도, 온 세상을 통틀어 소크라테스보다 현명한 사람은 없다. 왜냐하면," 아폴론의 예언자가 대답했다. "소크라테스는 진리를 사랑하기 때문이다."

1. 고대 그리스 사람들은 스스로 해결하기 어려운 문제나 중대한 일이 생기면 델포이의 아폴론 신전 같은 곳에서 신의 뜻을 물었다._이하 역자주

소크라테스는 아테네의 거리에서 만나는 모든 사람들에게 '너 자신을 알라'고 이야기했다.

"안녕하신가, 자네는 모든 도시들 중 가장 위대한 도시인 아테네의 시민이자 세상에서 가장 훌륭한 사람일세! 자네는 명예를 원하고, 세상의 좋은 평판과 즐거움, 돈을 바라고 있지! 그런데 또한 자네는 진리를 찾으려 하고, 영혼을 더욱 지혜롭게 만들려 하고 있질 않나. 결국 자네는 철학을 하려는 생각인가?"

소크라테스와 이야기를 주고받던 사람들은 자신들이 대단히 현명하다고 생각했다. 그러면 소크라테스는 그들에게 수없이 많은 질문을 마음껏 쏟아부었고, 그들은 마침내 자신들의 무지를 고백하고야 말았다. 무지한 사람들과 만난 소크라테스는 그들을 지혜의 길로 이끌었다.
소크라테스 자신은 단 한 가지밖에 알지 못한다고 말했다. 그가 유일하게 아는 것은, 자신이 아무것도 모른다는 사실이었다.

소크라테스는 늘 철학적인 물음을 던졌고, 모든 사람들에게 질문했으며, 학자들의 학식에도 의문을 제기하여 결국 자신들의 무지를 깨닫게 만들었다. 많은 사람들이 소크라테스 때문에 화가 났다.

사람들은 소크라테스를 말만 많은 부랑자라고 불렀고, 합심하여 그를 고발하기로 했다. 소크라테스는 젊은이들을 타락시키고 신을 섬기지 않는다는 죄목으로 아테네의 법정에 서게 되었다.

"아테네의 시민들이여! 사람들은 내가 신의 세계를 꿈꾸었고, 땅속에 있는 것을 탐구했으며, 그런 문제에 대해 젊은이들에게 수없이 허튼소리를 늘어놓았다고 주장합니다. 아리스토파네스는 이런 희극[1]까지 썼습니다. 그가 쓴 희극을 보면, 소크라테스라는 자가 등장해 무대 위를 거닐다가 하늘로 올라가더니, 이런저런 문제들에 대해 횡설수설하는 게 아니겠습니까! 나도 전혀 모르는 문제들에 대해서 말입니다!

하지만 진실을 말하자면, 나는 젊은이들을 가르치겠다는 말을 한 적이 결코 없습니다!

만일 망아지나 송아지를 기르는 문제라면, 나는 누구에게 도움을 청해야 할지 아주 잘 알고 있습니다. 그러나 아이들을 교육시키고, 그 아이들이 성인이 되어 아테네의 진정한 시민이 될 수 있도록 가르치는 일이라면, 나는 그에 관한 아무런 지식도 가지고 있지 않습니다."

---

1. 아리스토파네스는 자신이 쓴 희극 《구름Nephelai》에서 소크라테스의 교육 방법을 비난하고 조롱하였다.

지독한 멜레토스[1]는 소크라테스가 죽기를 바랐고, 그를 궁지에 몰아넣으려고 애썼다.

"그렇다면 소크라테스," 멜레토스가 가시 돋친 목소리로 소크라테스에게 물었다. "만일 당신이 교육에 조금도 신경을 쓰지 않았다면, 온종일 대체 뭘 했단 말이오? 당신이 별다른 행동을 하지 않았다면 어째서 사람들이 당신을 비난한단 말이오?"

"멜레토스," 소크라테스가 대답했다. "자네는 내가 젊은이들을 타락시켰다고 생각하는가?"

"바로 그것이 내가 온 힘을 다해 주장하는 것이오! 그렇지 않으면 왜 사람들이 당신을 비난한단 말이오?"

"그렇다면, 자네가 나를 법원에 소환한 것은 내가 젊은이들을 고의로 혹은 본의 아니게 타락시켰기 때문인가?"

"자발적으로겠지, 확실하오!"

"그런데 말이네, 훌륭한 멜레토스. 묻고 싶은 것이 있네. 자네는 선량한 사람들이 사는 도시에 살고 싶은가, 아니면 타락한 사람들이 사는 도시에 살고 싶은가?"

"당연히 선량한 사람들이 사는 도시겠지."

"그렇다면 내가, 나에게 해를 끼칠지도 모르는 사람들과 함께 살기를 바란다면 확실히 정상은 아니겠지?" 소크라테스가 자신을 고발한 멜레토스의 날카로운 목소리를 흉내 내며 말했다.

"그렇소, 분명하오! 하지만 나는 당신이 젊은이들에게 새로운 신들에 관해 가르쳤다는 이유로 당신을 고발했소!" 흥분한 멜레토스가 소리를 지르며 말했다. "왜냐하면 당신은 말이오, 당신은, 신들을 믿지 않기 때문이오. 심지어 당신은 태양과 달이 아닌 돌과 땅이 신이라고도 말했소!"

"이보게, 그렇게 흥미로운 학설을 가르친 자는 내가 아니라 아낙사고라스[2]라는 철학자라네. 아무려나, 더 대답해 보게. 자, 어떻게 내가 새로운 신들을 받아들일 수 있겠나? 내가 신을 전혀 믿지 않는다면 말일세." 소크라테스가 물었다.

화가 난 멜레토스는 아무 말도 하지 못했다.

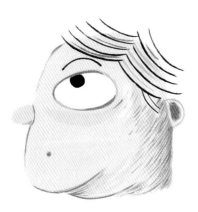

1. 시민을 대표하여 소크라테스를 고발한 젊은이
2. 고대 그리스의 자연 철학자

"아테네의 시민들이여!" 소크라테스가 존경의 마음을 담아 외쳤다. "여러분에게 경의를 표합니다! 여러분은 내가 고발당한 것이 어떤 의미인지 알고 있습니다! 사실, 우리 아테네를 깨우치기 위해 나를 보낸 것은 바로 신들 자신입니다! 그래서 나는 날이면 날마다 가는 곳 어디서나 여러분을 격려했고, 진리보다 돈을 좇는 여러분을 비난하였습니다."

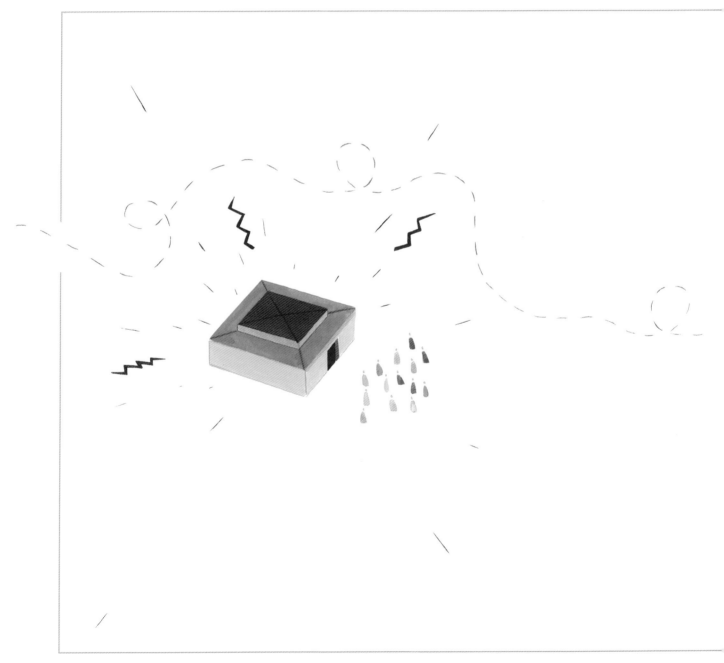

"멋진 말 주위를 맴돌며 잠 못 들게 하는 커다란 모기처럼, 나는 여러분을 귀찮게 하여 깨어 있게 만드는 사람입니다! 여러분은 귀찮은 나머지 내게서 벗어나 남은 인생 편히 지내고 싶을지 모르지만…….

하지만 그런 일이 바로 신들이 내게 부여한 사명입니다. 그럼에도 내가 철학하기를 그만두어야 합니까? 나와 만나는 사람들이 겉치레보다는 진리를 사랑하도록 이끄는 일을 멈추어야만 하겠습니까? 죽을지도 모른다는 두려움 때문에 나의 임무를 저버린다면, 나는 진정 경건하지 못한 사람입니다!

아테네의 시민들이여, 나는 여러분에게 끊임없이 질문할 것입니다. 그 때문에 수없이 유죄 선고를 받을지라도 말입니다!"

군중 속에서 웅성거리는 소리가 점점 커졌다. 몇몇 재판관들은 소크라테스가 무례하다고 생각했고, 또 다른 재판관들은 그의 용기에 감탄하였다.

" 내 생각에는, 정의를 지키면서 정치를 하고자 한다면,
    목숨을 오래 부지하기를 바라서는 안 될 것입니다. "

"사실 나는," 소크라테스가 말을 이었다. "모든 사람들의 일에 끼어들었습니다. 그렇지만 공적인 일에는 참견하지 않으려고 조심했습니다.

아시겠습니까? 내게는 어린 시절부터 내 앞에 나타나 어리석은 짓을 하지 못하도록 만드는 다이몬이라는 정령이 있었습니다! 그리고 그 정령이 내게 말하기를, 정치에 개입하면 오래 살지 못할 것이라고 했습니다!

여러분, 언젠가 내가 여러분의 의회에서 의장을 맡았던 일을 기억해 보십시오. 그때 여러분은 아르기누사이 해전[1]에서 전사자들을 데려오지 못한 열 명의 장군들을 부당하게 처벌하려 했습니다. 모든 사람들에 맞서 나 혼자만이, 법은 여러 사람을 동시에 판결하지 못한다고 주장했습니다. 자칫하면 여러분은, 그들과 함께 나를 죽일 뻔했습니다!

얼마 지나지 않아 독재자들이 권력을 잡았습니다.[2] 그들은 내게 살라미스로 가서 '레온'이라는 사람을 잡아오도록 시켰습니다. 자신들과 공모하게 만들기 위해서 말입니다. 그렇지만 나는 거절하고 집으로 돌아갔습니다. 만약 그들의 정권이 곧 붕괴되지 않았다면, 나는 틀림없이 목숨을 잃었을 것입니다!

내 생각에는, 정의를 지키면서 정치를 하고자 한다면, 목숨을 오래 부지하기를 바라서는 안 될 것입니다."

---

1. 기원전 406년 아테네와 스파르타 사이에 일어난 전쟁으로, 승리한 아테네는 바다에 빠진 사람들과 전사자들을 구하지 못한 장군들에 대해 시민들의 요구로 재판을 열었다.
2. 펠로폰네소스 전쟁에서 아테네가 스파르타에 패배한 뒤 30인 과두 정부가 들어섰다.

"아테네의 시민들이여, 여러분도 아시다시피 진리를 말하자면, 나는 결코 불의에 굴복하지 않았습니다. 멜레토스는 내가 나의 제자들을 타락시켰다고 말했습니다. 그러나 나는 그 누구의 스승도 아닙니다!

만일 누군가가 나의 이야기를 듣고 싶어 한다면, 그 사람이 나이가 많든 적든, 부자든 가난뱅이든, 나는 그를 결코 돌려보내지 않을 것이며 그에게 아무것도 요구하지 않을 것입니다. 그가 선하게 되든 악하게 되든 나에게는 책임이 없습니다!

지금 이 법정에서, 나와 더불어 즐거운 시간을 보냈던 많은 이들에게 직접 물어보십시오. 단 한 사람이라도 내가 그들에게 나쁜 행동을 권했다고 말하는 이가 있습니까? 혹은 그들이 나를 고발하지 않았다 하더라도, 그들의 부모가 자기 자식들을 타락시킨 나를 고발하지 않았겠습니까? 내 친구인 크리톤,[1] 내가 자네 아들 크리토불로스를 정의롭지 못한 사람으로 만들었는가? 리사니아스,[2] 내가 선량한 아이스키네스[3]를 빗나가게 만들었나? 니코스트라토스, 자네 동생인 테오도토스는 죽었네. 만일 내가 그를 타락시켰다면 자네는 지금 그 이야기를 들려줄 수 있을 것이네! 아데이만토스, 자네는 플라톤의 형이며 내가 가는 곳이면 어디든지 따라다녔네. 자네가 내게 불리한 증언을 하고 싶다면 어서 단상으로 올라오게나!

자, 아테네 시민들이여! 다른 피고인들은 이보다 훨씬 덜 중요한 사건을 두고 여러분에게 애원하였습니다. 그들은 눈물을 펑펑 쏟으며, 자기 아이들까지 데려와 보이며, 여러분에게 동정심을 얻으려 했습니다.

나는 그런 짓은 하지 않습니다. 왜냐하면 그런 짓은 우리의 도시에도, 사람들이 나에게 부여한 현자로서의 명성에도 걸맞지 않은 행동이기 때문입니다. 그런 일이 벌어지면 신들도 화가 날 것입니다. 그렇습니다. 바로 신들은, 내가 그들을 영광스럽게 하지 않았다고 나를 고발할 것입니다! 나는 나에 대한 판결을 신들의 뜻에 맡기겠습니다."

---

1. 소크라테스의 동갑내기 친구이며 같은 고향 출신이다.
2. 아이스키네스의 아버지
3. 고대 그리스의 웅변가이자 정치가로 소크라테스의 열렬한 추종자이다.

500명으로 이루어진 배심원단이 투표를 시작하였다. 소크라테스는 30표 차이로 유죄 판결을 받았다.[1] 아테네의 법정에서는 고소인과 피고인 양측이 각각 합당한 처벌을 제안하는 것이 관례였으나 보통 고소인 측은 가혹한 형벌을, 피고인 측은 좀 더 가벼운 형벌을 요구했고, 재판관들은 어떤 처벌이 적절한지 선택하였다. 지독한 멜레토스와 그의 엉터리 학자 무리들은 소크라테스를 가차없이 사형에 처해야 한다고 주장했다.

소크라테스의 순서가 되었고, 그는 기꺼이 자신에게 내려질 형벌을 스스로 제안하려는 듯 보였다. 사람들은 그가 추방형을 택하리라 기대했다.

"시민 배심원단 여러분, 어떤 형벌이 좋겠습니까? 나와 같은 사람들은 어떤 벌을 받아야 합니까? 그의 유일한 잘못은, 자신에게 주어진 일에 몰두하느라 평온한 생활을 하지 못한 것입니다. 그는 돈이 아닌 선한 일을 찾은 사람이 아닙니까? 그는 자신의 명예보다도 아테네라는 도시를 더 좋아한 사람이 아닙니까? 가난하고 현명한 그 사람에게 어떤 벌을 내려야 할까요? 그는 자신에게 주어진 좋은 일들을 계속하기 위해 책임을 떠맡고 싶어 하는 사람인데 말입니다.

아테네 시민들이여, 내가 어떤 벌을 받아야 할지 말씀드리겠습니다. 내게 적합한 형벌은, 여러분이 돈을 들여 나를 아름다운 프뤼타네이온 궁[2]에 머물게 하는 것입니다! 그곳은 올림피아 경기의 우승자들과 국빈들이 머무는 곳이니 말입니다."

배심원단에서 엄청난 야유가 터져 나왔다.

"이렇게 무례할 수가 있단 말인가! 해도 너무 하는군! 이제는 소크라테스를 독이 든 당근에서 짜낸 독을 마시는 형벌에 처할 수밖에 없어."

1. 배심원단 투표 결과 유죄 280표, 무죄 220표가 나왔다. 따라서 30표만 더 있었다면 소크라테스는 무죄가 되었을 것이다.
2. 아테네의 아크로폴리스에 있는 영빈관으로 올림피아 경기에서 우승한 사람은 이곳에서 식사 대접을 받았다.

"그러나 죽음은 아무것도 아닙니다. 죽음은, 다른 먼 곳으로 떠나는 영혼의 여행입니다. 만일 죽음이 아무것도 아니라면, 죽음은 깊은 잠과도 같고, 우리의 모든 낮보다도 더 평화스러운 아름다운 밤들 중 하룻밤과도 같습니다."

"나의 정령이, 내가 조금이라도 두려워한다면 경고를 보낼지 모릅니다." 소크라테스가 슬픔에 빠진 친구들을 보며 조용히 말했다. "그러나 죽음은 아무것도 아닙니다. 죽음은, 다른 먼 곳으로 떠나는 영혼의 여행입니다. 만일 죽음이 아무것도 아니라면, 죽음은 깊은 잠과도 같고, 우리의 모든 낮보다도 더 평화스러운 아름다운 밤들 중 하룻밤과도 같습니다. 이것이야말로 크나큰 행복이 아니고 무엇이겠습니까!

또한 죽음이 흔히들 말하듯이 저승으로 가는 것이라면 말입니다, 내가 그곳에서 고대의 시인 호메로스,[1] 헤시오도스[2] 그리고 오르페우스[3]와 가장 위대한 영웅들인 아이아스, 오디세우스[4]를 만난다면 말입니다. 내가 그곳에서, 벌받을 위험을 무릅쓰지 않은 채, 지난 시절의 수많은 사람들에게서 지혜를 구할 수 있다면 이보다 더 큰 행복이 있겠습니까? 그렇지만 아테네 시민 여러분, 이제 우리가 헤어져야 할 시간이 다가왔습니다. 내게는 죽기 위한 시간이고 여러분에게는 계속 살기 위한 시간입니다. 나와 여러분 중 누가 최선의 운명을 맞겠습니까? 그것은 신들만이 알고 있습니다!"

1. 고대 그리스의 작가이며 《오디세이아》를 썼다.
2. 고대 그리스의 서사 시인으로 《신통기》를 썼다.
3. 그리스 신화에 나오는 시인이자 음악가이다.
4. 그리스 신화에 등장하는 트로이 전쟁의 영웅이다.

신은 전쟁과 고통, 쾌락을 끝내고자 했네.
그러나 신은 도무지 그 일에 성공하지 못했고,
그래서 그것들을 붙잡아 놓았다네.
그때부터 전쟁은 인간을 미끼로 썼고,
고통과 쾌락은 인간의 뒤를 따르게 되었다네.

늘 이맘때면 아테네는 축제가 한창이었다. 그리고 사람들은 테세우스 왕자의 항해를 기념하였다. 옛날 옛적 테세우스는 미노타우로스를 죽여 크레타의 고약한 왕 미노스의 아테네에 대한 속박을 끊으려 했다.[1] 배가 크레타 섬에 가서 되돌아올 때까지 어떤 사형도 집행되지 않는 것이 당시의 관례였고, 따라서 소크라테스는 한 달 내내 감옥에 머물러야 했다. 그는 감옥에서 노래를 썼다.

1. 테세우스는 그리스 신화에 등장하는 아테네의 영웅으로 크레타 섬의 미궁에서 반인반수인 미노타우로스를 죽이고 귀환하였다. 미노타우로스는 미노스 왕의 아들로 아테네는 해마다 이 괴물에게 소년소녀를 제물로 바쳐야 했다.

어느 이른 아침, 독방에서 깨어난 소크라테스는 친구인 크리톤이 옆에 있는 것을 보았다.

"이 시간에 여기서 뭘 하는가?" 잠이 덜 깬 소크라테스가 친구에게 물었다.

"이렇게 엄청난 운명이 닥쳤는데 평화롭게 자고 있다니, 놀랍구먼!" 크리톤이 대답했다. "자네에게 너무나 우울한 소식을 전해야만 하네!"

"크레타 섬에서 온 배가 항구에 도착했으니 축제 기간이 끝났다는 얘기 아닌가?"

"아니, 하지만 거의 도착했다고 들었네." 크리톤이 중얼거리듯 말했다.

"이보게, 크리톤, 방금 내 꿈에 흰 옷을 입은 매력 넘치는 한 여인이 나타나 아가멤논 왕[1]이 영웅 아킬레우스[2]에게 했던 말을 나에게 전했다네. '소크라테스여, 너는 3일 후에 비옥한 네 고향에 가게 될 것이다'[3]라고."

"참으로 기이한 꿈일세, 소크라테스!"

"아니, 참으로 분명한 조짐일세!"

1. 트로이 전쟁의 영웅으로 여자 문제를 두고 아킬레우스와 대립했다.
2. 그리스 신화에 등장하는 트로이 전쟁의 영웅이다.
3. 호메로스 《일리아드》의 한 구절

크리톤은 소크라테스의 어깨에 손을 얹었다.

"내 친구, 소크라테스, 제발 부탁이네. 우리가 자네의 탈옥을 계획할 수 있게 허락해 주게나! 내가 감옥에 있는 간수들을 매수해 감시를 느슨하게 만들고, 준비해 놓은 작은 배로 자네를 안전하게 피신시킬 걸세. 내 친구들이 자네가 가는 곳이면 어디에서든지 자네를 맞이할 것이네. 만일 자네가 자네 자신을 위해 탈옥하기를 거부한다면, 아이들을 위해서라도 그렇게 하게나. 자네 아이들이 고아가 되지 않도록 말일세! 우리를 위해서 그렇게 해주게. 우리가 자네를 구할 수도 있었는데 죽게 내버려 두었다는 말을 듣지 않도록 말일세!"

"사람들이 하는 말이 우리에게 중요한가?" 소크라테스가 하품을 하며 말했다. "내게 죽는 문제가 중요한가? 중요한 것은 사는 것이 아니라 잘 사는 것일세. 말하자면 정의롭게 사는 것이지. 자네는 그렇게 생각하지 않는가?"

"맞네, 소크라테스. 우리는 그 문제에 대해 이미 동의했네."

"그럼에도 불의를 저지르는 것이 가끔은 당연하다는 말인가? 예를 들자면, 부당한 일에 부당하게 대처하는 것이 옳다는 말인가? 그게 아니라면, 불의는 결코 아름답지도 옳지도 않단 말인가?"

"불의는 언제나 옳지 못한 것일세. 그것은 너무나 분명하다네."

"사랑하는 친구 크리톤, 그렇다면 내게 말해 보게나. 아테네 시민들이 허락하지도 않았는데, 간수들을 돈으로 매수해 나를 도피시키는 일이 옳은가? 자, 이보게! 나의 어린 시절의 정령이 다시 나타나 우리 앞에 아테네의 법을 펼쳐 놓았다네!"

"지금 나의 정령이 내게 하고 있는 말을 자네에게 들려주겠네."

소크라테스, 자네는 질문하기를 좋아하네. 이번에는 내가 자네에게 질문을 하겠네. 나는 아테네의 법률이라네. 나는 자네 부모의 결혼을 허락했고, 또한 자네의 어린 시절을 지켜주었으며, 아테네에서 자네의 목숨을 쥐락펴락하고 있네. 나는 자네에게 어머니나 아버지보다 더 중요하다네. 자네는 나를 무시하려 하는가? 왜 자네는 나를 피하려고 애쓰는가? 자네가 할 일은 나에게 복종하고, 내가 지시한 자리로 가서 앉는 것이 아니겠는가? 자네가 내 이름을 걸고 싸웠을 때, 자네가 전쟁터에서 그랬던 것처럼 말일세.

"이보게 크리톤, 나는 언제나 아테네의 법을 따르며 살고자 했네. 그래서 재판 때 추방형을 제안하는 것조차 거부했지." 소크라테스가 다시 말했다. "지금에 와서 그 법을 어기라고? 노예로 변장하여 내 아이들과 도망쳐 그들을 이방인으로 만들란 말인가? 그게 아니면 아이들을 이곳에 버려두란 말인가? 그러고 나서 내가 지금껏 해왔던 것처럼, 아무렇지 않게 사람들에게 말하란 말인가? 그 사람들에게 미덕과 정의, 법보다 더 가치 있는 것은 아무것도 없다고 말하란 말인가?"

크리톤은 감옥을 떠났다. 그리고 친구들에게 소크라테스의 결심을 전했다. 다음 날, 크레타 섬에서 돌아온 배가 아테네 항구로 들어왔다. 축제 기간은 끝났다.

그렇다면, 사형 집행일이 된 것이다. 소크라테스의 친구들은 그와 함께 있기로 약속했다. 크리톤과 그의 아들 크리토불로스, 헤르모게네스, 에피게네스, 아이스키네스, 파이돈,[1] 안티스테네스,[2] 파이아니아 출신의 크테시포스,[3] 메넥세노스, 테베 사람 케베스와 시미아스[4] 등 그 밖에도 많은 친구들이 소크라테스를 위해 모였다. 몸이 아픈 플라톤만이 오지 않았다. 그는 어디가 아팠을까? 아마도 감기에 걸렸을 것이다.

소크라테스의 옆에는 아내인 크산티페와 막내아들 소프로니스코스가 있었다. 평소에도 성미가 고약했던 크산티페는 끊임없이 한숨을 쉬며 신세 한탄을 하고 있었다.

"오! 소크라테스! 여기 당신 자식이 있소. 할 말이 있으면 마지막으로 해보시구려!"

소크라테스는 크리톤에게 자신의 아내를 집으로 데려가 달라고 부탁했다. 크산티페는 부축을 받아 밖으로 나가는 동안 대성통곡하며 머리카락을 쥐어뜯었다.

소크라테스는 여느 때와 다름없는 모습이었다. 그는 다리를 긁적이더니 알듯 모를 듯한 이야기들을 꺼냈다. 자신의 정령에 대해 이야기했고, 철학의 문제들에 관해 이야기했다. 테베 사람 시미아스가 죽음을 앞두고 있는데 슬프지 않느냐고 물었다.

"이보게, 시미아스." 소크라테스가 대답했다. "나는 자네에게 대답하려고 애쓸 것이고, 내가 재판 받을 때 그랬던 것보다 더 설득력 있게 말하려고 노력할 걸세. 사실 나는, 저승으로 가는 이 여행에 그리 만족하지 못할 뻔했네. 만일 내가 그곳에서 완전히 선한 또 다른 신들과, 어쩌면 이곳에서 만난 사람들보다 더 선량한 사람들을 만나리라는 확신이 없었다면 말일세. 일생을 철학하는 데 보낸 나에게, 어찌 보면 죽음을 연습하는 데 평생을 보낸 나에게, 아내를 피해 달아나듯이 죽음을 피하라는 것은 우스꽝스러운 일이 아닌가! 이 죽음이 나를 아내로부터 해방시켜 주는데 말일세!"

"스승님, 저를 웃게 만드시는군요. 도무지 그럴 기분이 아닌데 말입니다!" 시미아스가 쿡하고 웃음을 터트렸다. "그렇기 때문에 세간에서는 스승님께서 죽어 마땅하다고들 말합니다. 결국 재판관들이 상당히 정확하게 판결을 내린 겁니다!"

"어떤 관점에서 보면, 그렇다네." 소크라테스가 재미있다는 듯이 말했다. "그들이 나처럼 죽음을 경험하지는 못할 것이라는 점만 빼고 말일세! 하지만 재판관들이 어떻게 생각하든 내버려 두세!"

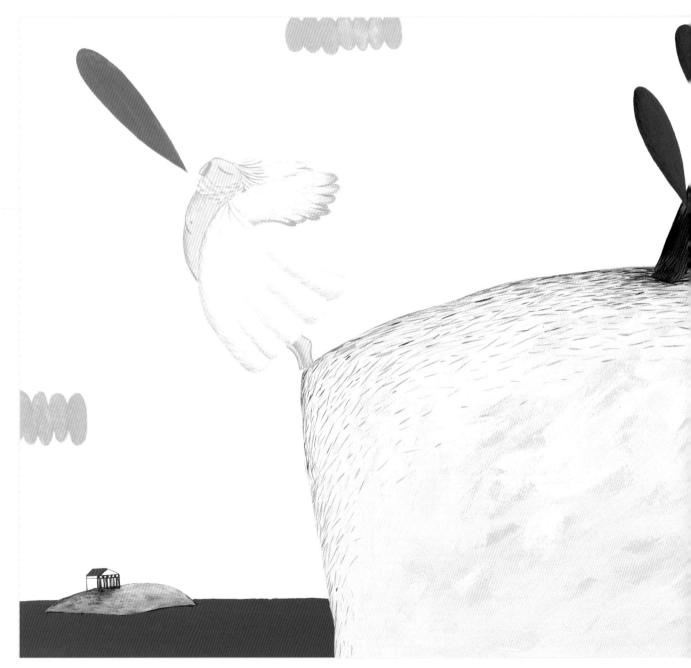

이제 시미아스는 시를 읊조리는 소크라테스에 맞추어 리라[1]를 켜기 시작했다.

백조는 자신의 죽음이 가까이 왔음을 느끼면,
들어 보지 못한 노래를 불러 신들을 찬양하지.
죽는 것을 두려워하는 불쌍한 사람들은 백조를 비방하여
거짓으로 말하지.
불안한 백조가 세상을 떠나면서
깊은 고통을 노래하는 것일지도 모른다고.
하지만 새가 슬플 때 노래하겠는가?
나이팅게일[2]도, 별새도 그렇지 않지.
백조의 영혼은 저승을 보았고,
아폴론의 새로서 자신의 진정한 고향을 알아보았지.[3]
백조는 바로 그곳에 자신을 위한
경이로운 일이 약속되어 있음을 짐작할 수 있지.
나는 말이지,
나도 백조처럼 행복으로 기뻐하지.
이 삶이 끝나는 날 나를 기다리고 있을 행복 말이야.

1. 고대 그리스의 현악기로 하프와 비슷하다.
2. 꾀꼬리와 비슷하게 생긴 작은 새
3. 제우스는 아폴론에게 황금 왕관과 리라, 백조가 끄는 마차를 주고 델포이로 가라는 명령을 내린다.

47

"사람이 죽으면, 정말이지 무슨 일이 벌어질까?" 소크라테스가 시를 읊고 나더니 물었다.

"음…… 아마도 그렇겠죠." 시미아스가 리라를 내려놓으며 대답했다.

"무슨 일이 일어나는가 하면, 육체와 영혼이 분리되겠지, 그렇지 않은가?"

"물론입니다." 시미아스가 말했다.

"자, 이제 잘 들어 보게나." 소크라테스가 말을 이었다. "자네는 철학자라는 인간을 믿나? 지혜를 사랑하면서도 지나치게 쾌락에 몰두하고, 예를 들면 먹고 마시는 것에 몰두한다고 인간 말일세."

"전혀 믿지 않습니다, 스승님!"

"사랑의 쾌락, 몸치장, 신발의 색깔에 골몰하는 철학자를 믿는가? 어떤 철학자는 필요 이상으로 그런 것들에 몰두한다고 생각하지 않는가?"

"그런 것들에 몰두한다면, 그 사람은 진정한 철학자가 아닙니다." 시미아스가 단호하게 말했다.

"이보게, 시미아스. 우리는 서로 기꺼이 동의했네. 철학자는 육체의 쾌락에는 관심을 두지 않고 영혼의 즐거움에 몰두한다고 말일세. 자, 이야기를 더 진행시켜 보기로 하지. 우리는 종종 우리가 보거나 듣는 것에 대해 착각하는 일이 있지 않은가?"

"물론입니다. 그런 일이 있습니다!"

"그렇다면 육체는 영혼이 잘못된 생각을 하게 만드는 근본적인 원인일세. 그래서 철학자는 진리를 그 자체로서 따져보고 추구한다네. 그래서 말일세, 예를 들면 자네는 정의가 중요한 것이라고 생각하는가, 혹은 아무것도 아니라고 생각하는가?"

"분명히 중요한 것입니다."

"자네는 정의를 선한 것, 아름다운 것과 같다고 생각하는가?"

"어떻게 다르다고 할 수 있겠습니까?"

"그렇다면 자네는 이미 자네의 눈으로 정의, 아름다움, 선, 혹은 위대한 것까지도 보았는가?"

"보지 못했습니다." 시미아스가 대답했다. "저는 정의롭고 아름다우며 위대한 것들을 보았습니다. 하지만 정의 그 자체, 아름다움 그 자체, 위대함 그 자체는 결코 보지 못했습니다."

"그것은 우리가 육체가 아닌 영혼을 통해 그들을 알 수 있기 때문이라네. 육체가 우리의 정신을 혼탁하게 만들지 않을 때에만 그들을 더 잘 알 수 있지!"

"스승님, 이보다 더 지당하신 말씀은 없습니다!"

"내 영혼이 나의 육체에 묶여 있는 한, 나는 결코 내가 사랑하는 지혜를 소유하지 못할 걸세. 나는 끊임없이 내 육체에 몰두해야만 하네. 그것 말고도 육체는 병이 들고 내 영혼을 혼탁하게 만들지. 욕망, 두려움, 격정, 결국에는 온갖 종류의 어리석은 짓들로 말일세. 다툼, 그리고 다툼이 불러오는 전쟁은 두말할 필요도 없지. 정말로 지혜롭기 위해서는 영혼이 육체에서 떨어져 나와 사물의 현실을 그 자체로서 보아야만 하네. 자네 생각도 나와 같은가, 시미아스?"

"전적으로 그렇습니다, 스승님!"

"그러니 내가 죽은 다음 내 영혼과 육체가 서로 분리될 때에야 나는 비로소 내가 사랑하는 지혜를 알게 되리라는 희망을 가지게 될 걸세. 죽음을 기다리는 이들이 저승에 가면 그들의 부모와 아내, 친구들을 다시 만날 수 있으리라 기대하는 것처럼 나는 내가 사랑하는 지혜를 만나게 되리라는 생각에 기쁨으로 충만해 있다네! 이보게, 시미아스, 그런 내게 어찌 죽는 일이 슬플 수 있겠나?"

"스승님, 그 말씀은 납득이 가지 않습니다!"

시미아스는 잠자코 생각에 잠기더니, 친구인 케베스와 이야기를 나눈 뒤 다시 소크라테스에게 물었다.

"사랑하는 스승님, 그 모든 말씀은 있을 법하지 않습니다. 흔히들 음이 잘 맞는 리라의 아름다움을 이야기하며 눈에 보이지 않는 그 신성한 화음에 경탄합니다. 그러나 만일 이 리라가 부서지거나 혹은 줄이 끊어져 버린다면, 그 아름다운 화음을 신들에게 들려줄 수 있겠습니까? 물론, 아닙니다. 화음은 사라지고 맙니다! 리라의 몸통이 남아 있다 해도 말입니다. 이처럼 사람의 영혼은 리라의 화음과도 같습니다. 적절한 조화가 따뜻함과 차가움, 메마름과 촉촉함으로 인간의 건강을 유지시켜주는 한, 인간의 영혼은 옳고 숭고합니다. 그러나 병들어 죽게 되면 영혼은 해체되어 사라지고 맙니다."

소크라테스는 시미아스보다 조금 낮은 곳에서, 평상시에도 곧잘 그랬듯 시미아스를 뚫어져라 올려다보며 이야기했다.

"대답하기가 참 어렵군, 훌륭한 시미아스!"

그러자 케베스가 말했다.

"스승님, 제 생각에는 시미아스가, 영혼은 육체와 함께 죽지 않는다는 사실을 증명하지 못한 것 같습니다. 저로서는 육체 속에 있는 영혼을 옷 짜는 늙은 직조공과 비교할 만하다고 생각합니다. 늙은 직조공은 수없이 많은 옷감을 짰고, 그중 상당히 많은 옷들이 그 늙은 직조공보다도 먼저 닳아 없어져 버렸습니다. 그러나 어느 날 그 직조공이 죽었을 때, 그가 입고 있던 옷은 그보다 좀 더 오래 남았습니다. 그와 같이 영혼도 많은 육체들 속에 깃들 수 있지만, 언젠가 영혼이 죽는 날이 오면 그 순간에 영혼이 머물고 있던 육체는 자신이 부패되기 전까지, 영혼보다 좀 더 그 상태에 머물게 될 것입니다. 결국 저는, 우리가 죽음과 직면하여 자신만만할 수만은 없다고 생각합니다. 왜냐하면 우리는, 우리의 영혼이 육체에서 떨어져 나가는 순간에 죽지 않을 것인지 알 수 없기 때문입니다!"

소크라테스는 케베스와 시미아스의 말이 그의 친구들을 얼마나 혼란스럽게 만들지 생각했다. 그는 젊은 파이돈의 머리를 쓰다듬으며 눙치듯 말했다.

"파이돈, 자네는 내일이면 애도의 표시로 우리의 풍습에 따라 자네의 아름다운 머리카락을 자르겠군."

"그렇게 될까 두렵습니다, 스승님." 파이돈이 슬픈 목소리로 말했다.

"나 또한 애도의 표시로 머리카락을 짧게 잘라야 할지도 모르겠네. 왜냐하면 시미아스와 케베스, 자네들이 내가 늘어놓았던 말을 뭉개 버렸기 때문이네! 하지만 다행스럽게도 나는 이미 대머리일세!"

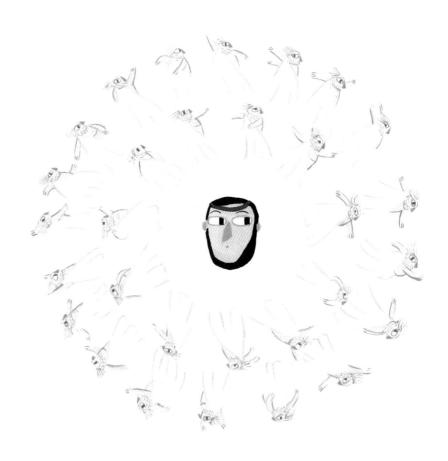

"시미아스, 자네의 주장에 대해 말하자면, 자네는 앞서 우리가 이야기를 나눌 때 아름다운 것과 선한 것, 옳은 것을 기억해야만 한다는 사실에 동의했었네. 이 모든 생각들은 애초에 우리의 영혼 속에 있지 않았는가?"

"물론입니다, 스승님." 시미아스가 용감하게 대답했다.

"그렇다면 우리의 영혼은 우리가 태어나기 전에도 있었다는 말인가?"

"분명히 그렇습니다!"

"그렇다면 자네는 리라의 화음이 그 리라가 만들어지기 전부터 존재했다고 생각하는 것인가?"

"그런 일은 있을 수 없습니다!"

"그렇지만 선택을 해야만 하네. 영혼이 육체를 통해 태어나기 전부터 존재하고 있었는지 아니면 육체와 합쳐져 비로소 태어나는지 말일세. 리라의 화음처럼 말이네!"

"스승님, 그렇다면 저는 영혼을 육체와 더불어 사라질 수 있는 단순한 화음으로 정의했던 저의 생각을 바꾸어야 할 것 같습니다."

"시미아스, 좀 더 생각해 보기로 하세. 리라는 조율된 정도에 따라 차이는 있겠지만 늘 음에 맞는 소리를 내지, 안 그런가? 화음이 맞지 않는 리라는 좋지 못한 소리를 내고, 화음이 잘 맞는 리라는 좋은 소리를 낸다고들 말하지 않나?"

"분명히 그렇습니다."

"하지만 우리는 어떤 사람이 영혼을 많이 혹은 적게 가지고 있다고 말할 수 있는가? 나쁜 사람은 착한 사람보다 영혼을 덜 가지고 있는 것인가?"

"스승님, 아닙니다. 그렇게 말할 수 없습니다! 모든 사람은 단지 하나의 영혼을 지니고 있을 뿐입니다."

"훌륭하네, 시미아스. 그렇다면 영혼이 몸속에 있는 것은 화음이 리라 속에 있는 것과는 확실히 다르겠군!"

"이보게, 케베스, 자네는 영원불멸한 영혼을 증명해야만 한다고 생각하지? 영혼이 육체와 함께 죽지 않음을 확신하기 위해서 말일세."

"제가 하고 싶었던 말입니다, 스승님."

소크라테스는 오랫동안 곰곰이 생각에 잠겼다. 소크라테스를 둘러싸고 있던 동료들은 잠자코 그를 쳐다보았다.

"우리의 영혼 속에 있는 그 생각들로부터 다시 시작해 보세. 예를 들면 아름다운 것에 대한 생각 말일세. 자네는 아름다운 것을 어떻게 알아보는가?"

"저는 영롱하게 빛나는 색채, 혹은 아름다운 형태를 통해 아름다움을 알아봅니다." 케베스가 대답했다.

"색이나 형태의 아름다움이란 말이지? 그렇다면 색의 아름다움이나 형태의 아름다움을 만드는 것은 무엇인가?"

"스승님께서 자주 말씀하셨듯이, 아름다운 것 그 자체가 존재의 이유여야만 합니다!"

"그렇다면 자네는 절대적인 아름다움, 오직 아름다운 것일 뿐인 아름다움이 존재함을 받아들이는가?"

"물론입니다, 스승님. 그렇지 않으면 우리는 사물들 속에서 아름다운 것과 만날 수 없습니다!"

"마찬가지로, 절대적인 선이 존재하고, 그것은 우리로 하여금 사물들 속에서 선한 것을 판단할 수 있게 만든다는 말인가? 또한 절대적으로 위대한 것은 우리로 하여금 위대한 것들을 헤아릴 수 있도록 해주고? 그렇다면 절대적으로 보잘것없는 것은 어떤가? 우리가 발견할 수 있는 모든 생각들에 대해서도 마찬가지라는 말인가?"

"스승님, 그 문제에 대해서는 우리 모두 동의합니다." 케베스와 시미아스가 한목소리로 말했다.

"이보게 케베스, 다시 말해 보게. 우리는 방금 전에 보이는 것들과 보이지 않는 것들이 존재함을 증명했네. 아름다운 것, 진실한 것, 성스러운 것 등 신성하고 순수한 그모든 것들과 마찬가지로 말일세. 우리는 영혼을, 보이는 것들 혹은 보이지 않는 것들 가운데서 헤아릴 수 있겠나?"

"분명 보이지 않는 것들 가운데서 그럴 수 있습니다, 스승님!"

"하지만 자네 생각에, 그 보이지 않는 것들이 자신과 반대되는 것들을 받아들이겠나? 절대적인 아름다움이 있는 곳에 추한 것이 섞일 수 있을까? 따뜻함이 있는 곳에 차가움이 자리할 수 있을까? 짝이 있는 곳에서 홀을 찾을 수 있을까?"

"어떤 방법으로도 불가능합니다, 스승님!"

"그래서 바로 차가움이 나타나면 따뜻함이 사라지고, 추함이 오면 아름다움이 다른 곳으로 옮겨 가게 되는 것인가?"

"그보다 더 정확한 말씀은 없을 것입니다."

"다른 관점에서 대답해 보게나. 무엇이 육체에 생명을 부여하는가?"

"그야말로 분명 영혼입니다, 스승님! 아시다시피 육체는 생명이 있어야 살아 있는 것입니다!"

"그렇다면 영혼은 생명의 근원이란 말인가?"

"저는 그렇게 믿고 있습니다!"

"그런데 살아 있는 영혼이 자신과 반대되는 것, 즉 문득 나타난 죽음을 보았다면, 우리는 영혼이 죽었고 영혼은 자기 자신과 반대되는 것이 되었다고 말할 텐가? 그게 아니라면 오히려 영혼은 다른 곳으로 가버렸다고 말할 것인가? 다른 보이지 않는 것들과 마찬가지로?"

"영혼은 다른 곳으로 가버린 게 분명합니다, 스승님!"

"이보게 케베스, 나는, 비로소 우리가 영혼의 영원불멸함을 증명했다고 생각하네. 영혼이 붙어 있던 육체가 죽은 다음, 그다음에 일어나는 일에 대해 말하자면, 나는 자네에게 이렇게 말할 수 있겠지. 내 생각에는 말이야……."

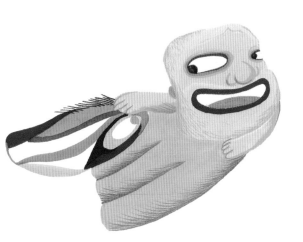

죽어서 영혼이 육체를 떠나면, 영혼의 수호자인 정령이 그 영혼을 붙잡을 걸세. 그러고 나서 그 정령은 영혼을 이끌어 저승으로 이르는 구불구불하고 좁은 길로 데려갈 걸세. 체념하지 못한 인간의 영혼은 자신의 육체를 떠나야 함을 받아들이지 못하지. 그래서 그의 정령은 영혼을 끌어내는 데 상당한 어려움을 겪게 되네. 단단히 화가 난 영혼은 자신이 마땅히 있어야 할 장소에 도착한 후에도 다른 영혼들을 불안하게 만들고, 그다음에는 떠돌아다니게 된다네. 불안하고 혼자인 채로 말일세.

반면에 살아가는 동안 철학을 통해 정화된 선한 사람의 영혼은 무사히 여행을 마치게 된다네. 마지막이 되면 그 영혼을 기다리던 또 다른 선한 사람들의 영혼과 함께 신들 곁에 앉게 되지. 이 세상에 있으리라 기대되는 경이로운 장소들 중 한 곳에서 말일세.

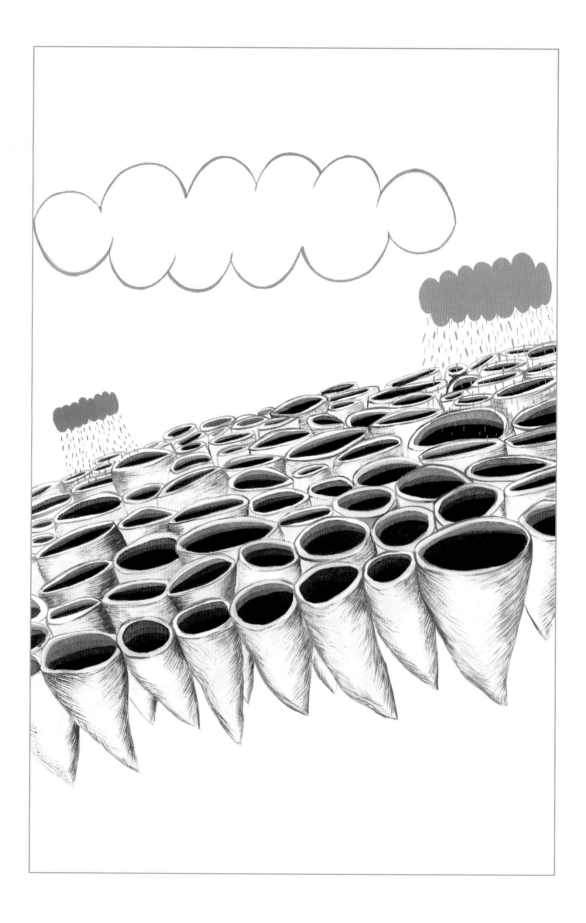

왜냐하면 이 세계는 상당히 넓고, 우리는 이 세계의 아주 작은 부분만을 알고 있기 때문이네. 파시스 강[1]에서부터 헤라클레스의 기둥[2]에 이르기까지 바다를 따라 뻗어 있는 그 작은 부분 말일세.

우리는, 우리가 이 세계의 지표면 위를 걷고 있다고 생각하지. 대낮에 말일세. 하지만 사실, 우리는 거대하고 깊은 토굴 안쪽에 살고 있는 것이라네. 비가 내리면 그곳으로 흘러 들어가지.

바다 깊은 곳에 살고 있는 사람들을 생각해 보게나. 그 사람들은 바닷물을 통해 태양과 천체를 보고 있지. 그들은 대양의 수면을 하늘이라고 생각하고 있네. 마찬가지로 우리도 공기를 하늘이라고 생각하지. 왜냐하면 그곳에서 우리는 별들이 지나가는 것을 볼 수 있으니까 말이야.

하지만 바다 깊은 곳에 사는 어떤 사람이 우리가 사는 곳까지 올라온다면, 그 사람은 자신이 도착한 세계가 얼마나 많은 모래와 진흙으로 뒤덮여 있는지, 바위투성이의 그 땅들이 소금으로 인해 얼마나 부식되어 있는지 알게 될걸세. 우리 또한 토굴 밖으로 나와 진짜 세상으로 올라갈 수 있다면, 우리가 보는 빛과 비길 데 없는 빛을, 훨씬 더 놀랍고 경이로운 것들을 보게 될 것이네.

1. 오늘날의 리오니 강이며 그루지야를 거쳐 흑해로 흐른다.
2. 오늘날의 지브롤터 해협을 말하며 세상 끝을 의미한다.

" 그곳에 사는 동물들과 사람들은 병드는 법이 없고,
무척이나 오랫동안 아주 행복하게 산다네! "

우리 위쪽에 있는 이 진짜 세상은 여러 가지 색깔의 줄무 늬가 있는 공과 흡사하지. 이 세상에 살고 있는 화가들이 그린 공은 실제 공의 희미한 그림자에 불과하다네. 사실 은 진짜 세상의 어떤 부분은 진귀한 자줏빛이고, 또 어떤 부분은 눈보다도 빛이 나는 하얀색이며, 또 다른 부분은 알 수 없는 순수함으로 이루어진 황금빛을 띠고 있지.
어둠과 안개는 우리 토굴 깊은 곳에서 색채들을 뒤죽박 죽으로 만들어 놓는다네. 반면 그 색채들은 저 위의 세계 에서는 뒤섞이는 법이 없지. 그곳의 산들은 온통 보석들 로 치장되어 있고, 그중 단지 몇몇 조각들만이 이곳으로 떨어진다네. 그곳에 사는 동물들과 사람들은 병드는 법이 없고, 무척이나 오랫동안 아주 행복하게 산다네.
저 높은 곳, 그곳에 사는 사람들의 청력과 시력, 사고의 순수함은, 공기가 물보다 훨씬 더 맑고 가벼운 것처럼 우 리보다 훨씬 더 뛰어나다네. 그들은 태양과 달 그리고 천 체를 있는 그대로 관찰하지. 그들의 사원에는 실제로 신 들이 살고 있다네. 신들은, 내가 자네들에게 이야기하듯 이 인간에게 직접 말을 하지. 이것이 바로 우리 위에 있는 진짜 세상에 관한 이야기일세.

그 진짜 세상의 주변에는 지금 우리가 있는 곳과 마찬가지로 수많은 토굴들이 있네. 어떤 토굴들은 우리의 것보다 훨씬 더 커서 더 많은 빛이 들어오지. 또 다른 토굴들은 더 깊고 더 어둡다네. 이 모든 토굴들에는 구멍이 뚫려 있고 그 구멍들을 통해 서로가 연결되어 있지. 이따금 뜨겁거나 차가운 물, 질척한 진흙, 불, 용암이 그곳으로 쏟아졌다가 다시 다른 곳으로 분출된다네. 샘이나 화산을 통해서 말일세. 그 큰 흐름은 엄청난 소리를 내며 떨어져 더 깊은 토굴로 모여든다네. 시인들은 그곳을 타르타로스[1]라고 부르지.

영혼이 선하지도 악하지도 않은 대부분의 사람들은 죽으면 저마다의 정령에 이끌려 을씨년스런 아케론 강[1]으로 가게 된다네. 그곳에서 그들은 또 다른 사람들과 만나 자신들을 실어다 줄 작은 배에 타게 되지. 그 배는 황량한 지대를 지나 지하의 물줄기를 따라가다 아케론의 늪에 이른다네. 그들은 그곳에서 오래 머물며 깨끗하게 정화된 다음 다시 돌려보내져 살아 있는 사람들 가운데 새롭게 태어나게 되지.

사원을 약탈했거나 부모를 때린 자들의 영혼은 타르타로스 속으로 던져진다네. 그들은 피리플레게톤[2]이라고 불리는 불의 강으로 실려 가고, 그중에서도 죄질이 가장 나쁜 영혼들은 결코 다시 돌아올 수 없네. 그렇지만 치유 가능한 영혼들, 예를 들면 순간적인 화를 참지 못해 잘못을 저질렀다가 일생동안 그 죄를 뉘우치는 영혼들 같은 경우 말일세, 그들은 상당히 오랜 시간이 지난 다음 아케론의 늪을 따라 흐르는 코키토스 강[3]으로 다시 던져진다네. 강을 따라 떠내려가던 영혼들은 자신들의 과오로 희생당한 영혼들을 보게 되고, 그들에게 강에서 빠져나갈 수 있게 해달라고 간청을 하지. 만일 희생당한 영혼들이 그들을 동정한다면, 그들은 강에서 빠져나올 수 있게 되고 고통도 끝이 난다네. 하지만 그렇지 않을 경우 그들은 굉음이 들리는 타르타로스로 다시 돌아가 그곳에서 머물러야 하지. 다시 강으로 가서 자신들이 괴롭힌 사람들로부터 용서받을 수 있을 때까지 말이야.

1. 죽은 사람들만이 건널 수 있는 그리스 신화 속 저승의 강
2. 죽은 뒤에 가게 되는 지하 세계의 강들 중 하나이다.
3. 역시 지하 세계의 강들 중 하나이다.

경건한 삶을 살았던 사람들의 영혼은 어떻게 되느냐고? 그들의 정령이 그들을 데려가는 곳은 심연에 이르는 큰 강이 아닐세. 그들은 죽어서 진정 이상적이고 완전한, 경이로움으로 가득 찬 세상을 향해 올라간다네. 그중에서도 철학을 통해 완전하게 깨끗해진 사람들은 육체 없이도 온전한 삶을 살게 되지. 다른 어떤 곳보다도 훨씬 더 아름다운 거처에서 말일세.

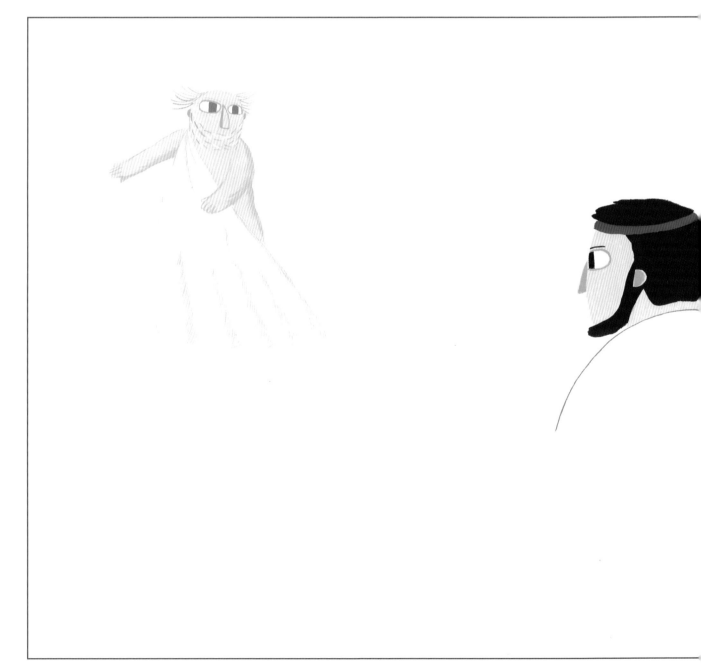

"이보게들, 자네들은 지혜를 추구한다는 것이 얼마나 값진 일인가를 알게 되었네. 그에 대한 보답은 대단히 크지! 그런데 말이야, 자네들에게는 미안하게 됐네만, 이제 목욕하러 갈 시간이 되었네. 내 아내에게 굳이 시신을 씻기게 하고 싶지 않거든."

"소크라테스, 그렇게 떠나서는 안 되네!" 크리톤이 외쳤다. "자네가 죽은 다음 우리가 해줄 수 있는 일을 말해 보게나. 자네의 아이들을 위해서 혹은 자네를 위해서 말이네."

"내가 좋아하는 일을 자네들이 어떻게 해주겠다는 말인가? 글쎄, 내가 자네들에게 늘 했던 말이지만, 지혜를 찾게. 육체의 쾌락이나 입는 옷에 마음 쓰지 말고."

"그럼, 다만 자네가 어떻게 묻히기를 바라는지 말해 주게나!"

"원하는 대로 하게! 자네들이 지금 나를 붙잡으려 하는 것이로군!" 소크라테스는 조용히 웃으면서 대답했다.

소크라테스는 목욕을 하기 위해 자리를 떴다. 그리고 사람들이 그의 아이들을 데려왔다. 아직 어린 두 아이의 이름은 소프로니스코스와 메넥세노스, 가장 큰 아이의 이름은 람프로클레스였다. 소크라테스는 아이들을 끌어안고 당부의 말을 한 다음 돌려보냈다. 날은 벌써 밝아 있었다.

간수가 독이 가득찬 잔을 가져왔다.

"소크라테스, 드시오! 그러고 나서 방으로 걸어가시오. 그러면 독이 더 잘 퍼질 것이오. 다리가 무거워지는 게 느껴지면 몸을 눕히시오."

소크라테스는 잔을 들고 외쳤다.

"신들께 경배를! 내 여행을 돌보아 주소서!"

소크라테스는 단숨에 잔을 비웠고, 그의 친구들은 소크라테스가 아닌 자기 자신을 불쌍히 여기며 울기 시작했다. 머지않아 좋은 친구를 잃게 될 테니 말이다!

"자, 그만 울게나. 자네들, 이 무슨 엉뚱한 행동인가!" 소크라테스가 말했다. "내가 여자들을 보내 버린 건 자네들처럼 내게 그런 꼴을 보일까봐서였어! 자, 그만 진정들 하고 마음 단단히 먹게!"

소크라테스는 쉬지 않고 방 안을 거닐었다. 그리고 서서히 다리가 무거워지는 것을 느끼고 자리에 누워 머리를 감싸 안았다. 소크라테스에게 독약을 가져다준 간수가 그의 다리를 만지며 감각이 있는지 물었다. 그는 아무것도 느끼지 못했다. 두 다리는 독이 퍼져 뻣뻣해지고 식어갔다. 소크라테스는 배가 차가워짐을 느끼고 자신의 얼굴을 덮고 있던 긴 옷자락을 걷었다. 그리고 조용히 말했다.

"크리톤, 잊지 말게. 우리는 의술의 신이신 아스클레피오스께 닭 한 마리를 바쳐야 하네!"[1]

그리고 소크라테스는 아무 말도 없었다. 이렇게 해서 신들을 공경하지 않았다는 이유로 아테네 사람들로부터 벌을 받은 사람이 죽었다.

---

1. 아스클레피오스는 의술의 신으로 고대 의학의 기반을 다진 인물이다. 환자들은 그의 신전으로 찾아가 제물을 바치고 기도를 하며 깊은 잠에 빠졌다고 한다.

철학적인, 너무나 인간적인 소크라테스를 말하다_I

흔히 세계 4대 성인하면 예수, 공자, 석가모니, 소크라테스를 꼽는다. 물론 그 근거를 대라면 저마다 주관적이고 자의적인 대답을 할 수밖에 없을 것이다. 그리고 이들 중 종교적 대상에서 벗어나 있는 유일한 인물이 바로 그리스의 철학자 소크라테스Socrates, 기원전 470?~399이다. 그런 만큼 소크라테스는 서양 철학사에서 가장 위대한 인물로 손꼽히는 사람임에 틀림없다. 말이 나온 김에 세계 4대 성인의 공통점 하나를 생각해 보기로 하자. 이들의 공통점은 하나 같이 저서를 남기지 않았다는 것이다. 이들에 관한 대부분의 저서는 제자들을 비롯한 후대 사람들에 의해 쓰였고, 소크라테스에 관한 저서 역시 그의 제자들과 당시 사람들의 기록이다. 그에 관한 주요 저서를 보면, 제자인 크세노폰이 쓴 《소크라테스의 추억》, 플라톤의 제자 아리스토텔레스가 쓴 저서들, 희극 시인 아리스토파네스가 쓴 《구름Nephelai》 등이 있다. 특히 플라톤의 대화편은 소크라테스의 생애와 철학적 사상에 대해 가장 많은 기록을 담고 있다. 플라톤은 35편의 책으로 이루어진 대화편 중 네 편, 즉 《에우티프론》, 《소크라테스의 변론》, 《크리톤》, 《파이돈》에서 소크라테스의 삶과 철학을 주요 인물들의 대화 형식으로 기록하고 있다. 이 대화편은 소크라테스가 자신이 만난 사람들과 시민들을 상대로 법정에서 혹은 감옥에서 대화를 나누는 형식으로 기록되어 있는데 사실 플라톤의 기록이 철학자 소크라테스를 있는 그대로 보여 주고 있는지의 여부는 논란의 여지가 많다. 철학사에서는 이를 '소크라테스의 문제'라고 부르기도 한다. 다만 플라톤이 소크라테스의 제자이고, 크세노폰, 아리스토텔레스, 아리스토파네스 등의 기록을 통해서도 소크라테스의 모습이 확인된다는 점, 또한 소크라테스가 직접 쓴 저술이 없다는 점에서 플라톤의 저술은 소크라테스의 철학을 이해하기 위한 가장 중요한 기록으로 평가될 수 있을 것이다. 이 책 역시 플라톤의 대화편 중 주로 《소크라테스의 변론》, 《크리톤》, 《파이돈》 등을 토대로 재구성된 것이다.

소크라테스의 아버지인 소프로니코스는 조각가였고, 어머니 파이나레테는 산모의 분만을 돕는 일을 했다고 한다. 저 유명한 소크라테스의 대화법인 '산파술' 역시 그의 부모의 직업과 무관하지 않다. 즉 산파술은, 산모가 아이 낳는 것을 도와주는 산파의 역할과 마찬가지로, 질문과 대답을 통해 상대방의 무지를 깨닫게 만들어 새롭고 올바른 지식에 도달하도록 유도하는 대화 기술을 말한다. 말하자면 소크라테스는 원석을 다듬어 작품을 만드는 아버지와 산모의 출산을 돕는 어머니처럼 대화를 통해 사람들이 본래 가지고 있던 내면의 생각을 끌어낼 수 있도록 도왔던 것이다. 소크라테스는 항상 말하기를 자신은 무지하며 다른 사람을 가르칠 수 없고 다만 자신은 지혜가 무엇인지 알고 그것을 찾아낼 수 있도록 도와주는 역할을 할 따름이라고 하였다. 이 책에서도 소크라테스는 법정 진술 중에 질문과 대화를 통해 자신의 무죄를 주장한다. 사형 선고를 받은 뒤 감옥에서는 친구인 크리톤에게 자신이 탈옥할 수 없는 이유를 질문과 대화로써 깨닫게 만든다. 또한 사형 집행이 임박해서는 제자인 시미아스, 케베스에게 계속된 질문을 함으로써 그들의 잘못된 생각을 깨우쳐 지혜의 길로 이끌려 한다.

이 책에서 법정에 선 소크라테스가 재판관(배심원들)과 아테네 시민들 앞에서 재판을 받고 이들에게 자신의 무죄를 설득하는 과정은, 플라톤의 대화편 중 《소크라테스의 변론》에 속한다. 《소크라테스의 변론》은 크게 보면 법

정에 서게 된 소크라테스 자신의 입장에 대한 진술, 사형 구형에 대해 자신이 받기를 원하는 형벌에 대한 진술, 죽음을 앞둔 최후 진술 등으로 이루어져 있다. 우선 소크라테스가 법정에 기소된 죄목은 '젊은이들을 타락시키고 아테네의 신들을 믿지 않았다'는 것이었다. 당시 재판의 결과는 투표로 결정되었으며 찬반 의견이 동수일 경우 피고는 무죄가 되었다. 소크라테스가 자신의 유죄를 주장하는 법정을 향해 스스로를 변론한 것은 상대를 설득하여 무죄 판결을 이끌어내기 위함이 아니라 떳떳하게 자신의 신념을 밝히고 죽음을 받아들이기 위한 것으로 보인다. 그런 이유에서 소크라테스는 유죄 판결 이후 자신을 고발한 멜레토스가 사형이라는 형량을 제시했을 때, 사람들의 기대와는 달리 추방형 대신 벌금형을 내려달라고 말한다. 즉 소크라테스에게 추방형은 평생을 아테네를 위해 살아온 자신의 신념을 저버리는 행위인 까닭에 받아들일 수 없었고, 벌금형은 그 자신도 법정에서 받아들여지지 않을 것임을 알고 있었기 때문에 결국 스스로 사형을 택한 것이라 볼 수 있다. 이 책에서 소크라테스가 말하듯이, 그는 정치에 개입하면 오래 살지 못할 것이고 법이나 독재자에 맞서 그들과 다른 주장을 하면 죽임을 당할 수도 있음을 잘 알고 있었다. 결국 처음부터 소크라테스는 자신이 법정에서 어떤 진술을 하든 사형은 예정되어 있고, 자신이 해야 할 일은 평생을 지켜온 신념과 소신을 떳떳이 말한 다음 죽음을 받아들이는 것임을 잘 알고 있었다.

플라톤의 세 번째 대화편인 《크리톤》은 소크라테스가 감옥을 찾은 크리톤과 나누는 대화가 중심이 된다. 크리톤과 소크라테스는 같은 나이, 같은 고향에서 자란 절친한 친구 사이였다. 크리톤은 법률과 철학적 신념에 따르기보다는 친구로서의 우정과 인간적인 연민에 호소하며 소크라테스에게 탈옥을 설득한다. 크리톤이 소크라테스에게 탈옥을 권유한 이유는 첫째, 힘이 있으면서도 곧 죽게될 친구를 구하지 않았다는 세간의 비난에 대한 두려움 때문이다. 또한 그는 아테네 밖의 세상에서도 잘 살 수 있을 것이라며, 친구가 아닌 자식들의 장래를 위해서라도 탈옥할 것을 설득한다. 그야말로 '우선 살고 보라는' 인간적인 호소에 다름 아니다. 법률적으로 보더라도 소크라테스에 대한 재판은 부당한 것이었고 그의 탈옥을 일종의 정치적 망명으로 간주할 수 있었을 뿐 아니라 집권

자들이 바뀐 뒤에는 무죄가 될 수도 있는 상황이었다. 따라서 소크라테스의 탈옥은 반드시 비난 받을 일만은 아닐 수도 있었다. 그러나 소크라테스는 중요한 것은 "사는 것"이 아니라 "잘 사는 것"이라며 오히려 친구를 설득한다. 그는 "불의를 저지르는 일은 항상 옳지 않을뿐더러 돈으로 간수를 매수하여 변장을 하고 아테네를 떠난다는 것은" 자신의 신념에 맞지 않는 일임을 강조한다. 또한 다이몬이라는 정령의 목소리를 통해 강조하고 있듯이 소크라테스는 아테네의 법률에 대한 절대적인 복종을 역설한다. 이를 근거로 "악법도 법이다"라는 소크라테스의 유명한 말이 나왔지만 실제 그가 그런 말을 했다는 명확한 근거는 없다. 또한 그가 법은 지켜져야만 한다고 말했을 때, 그 법이 그를 죽음에 이르게 한 현실의 법인지 아니면 신에 대한 혹은 절대적으로 옳고 숭고한 가치에 대한 것인지는 다시 한 번 생각해 볼 필요가 있다. 어쨌든 소크라테스는 탈옥을 권유하는 크리톤의 인간적인 호소를 물리치고 죽음을 선택한다.

마지막으로 《파이돈》은 소크라테스가 죽기 하루 전 감옥에서 제자들과 나눈 대화가 중심이 된다. 이 대화편은 파이돈이 에케크라테스에게 소크라테스의 최후에 관해 들려주는 형식으로 이루어져 있다. 감옥에서 소크라테스와 대화를 나눈 제자는 시미아스와 케베스이다. 그들은 모두 테베 사람들이며 스승의 탈옥을 도우려 했다. 《파이돈》의 주요 내용을 보면, 자살과 철학자의 죽음을 비롯한 죽음의 문제, 영혼의 불멸에 대한 소크라테스, 케베스, 시미아스의 논쟁, 사후 세계에 대한 소크라테스의 설명, 독배를 마시는 소크라테스의 최후 등으로 이루어져 있다. 우선 소크라테스와 제자들과의 대화를 들여다보면, 스승은 제자들에게 자신의 생각을 강요하거나 직접적으로 상대방의 잘못을 지적하지 않는다. 대신 그는 질문을 통해 제자들의 생각이 무엇인지 말하게 하고 그들로 하여금 자신들의 논리적 모순을 발견하게 하여 궁극적으로 참된 진리가 무엇인지 깨닫게 만든다. 이것이 곧 전형적인 소크라테스의 문답법, 즉 산파술이다.
소크라테스는 육체와 영혼의 관계를 알고 싶어 하는 제자들에게 수많은 질문을 던짐으로써 영혼이 육체에 선행하며 영원불멸함을 깨닫게 만든다. 이제 대화는 영혼이

육체를 떠나면 가게 될 사후 세계에 대한 설명으로 자연스럽게 이어진다. 우리가 사는 세상과 사후 세계에 대한 소크라테스의 생각을 따라가다 보면 그의 가치관 중 상당 부분이 동양의 사상과 맞닿아 있다는 느낌을 받게 된다. 즉 "우리는 거대하고 깊은 토굴 안쪽에 살고 있기" 때문에 별들이 지나가는 것을 제한된 시야의 하늘을 통해 볼 수밖에 없으며 우리에게 도달하는 빛은 순수한 빛이 아니라는 이야기는, 《장자莊子》의 〈추수편秋水篇〉에 나오는 우물 안 개구리에 대한 이야기를 떠올리게 한다. 다음으로 소크라테스는 죽음 뒤의 영혼의 문제에 대해 이야기한다. 소크라테스는, 사람이 죽으면 선한 사람들의 영혼은 "이상적이고 완전한, 경이로움으로 가득 찬 세상을 향해 올라가게" 되고, 악한 사람들의 영혼은 지하 세계인 타르타로스로 떨어지며, 선하지도 악하지도 않은 대부분의 영혼은 일정한 장소에 머물다가 깨끗이 정화되면 다시 태어날 수 있다고 말한다. 이는 기독교의 사후 세계에 대한 설명과도 흡사하지만 불교의 윤회 사상도 상당히 관련이 깊다. 즉 불교의 윤회설에 따르면 열반에 도달하지 못한 사람은 다시 태어나고 죽기를 반복한다고 한다. 결국 소크라테스의 입장은, 사람은 철학을 통해 깨끗해질 수 있고 온전한 삶을 살 수 있다는 것으로 귀결된다.

독배를 마시기 전 죽음이 임박한 순간에도 소크라테스는 친구와 제자들에게 지혜의 길을 역설한다. 또한 자신의 아이들과 마지막으로 포옹하고 작별 인사를 나누며 그를 찾아온 사람들에게 슬퍼하지 말 것을 당부한다. 마지막으로 그는 의무감인지 혹은 여유로움의 표현인지 의술의 신인 아스클레피오스에게 닭 한 마리를 빚지고 있다는 말을 남긴다. 우리는 죽음을 앞둔 소크라테스의 이러한 모습에서 한평생 진리와 지혜의 길을 추구해 온 철학자로서의 의연함과, 아버지, 친구, 스승으로서의 인간적인 면모를 동시에 엿볼 수 있다.

옮긴이 박아르마

죽음을 초월한 철학자 소크라테스를 말하다_Ⅱ

궤변론자 소크라테스, 진정한 철학자이며 세계 4대 성인인 소크라테스. 그에 대한 평은 현재까지도 극단적이며 어떤 소크라테스가 진짜 소크라테스인지 역사는 말이 없다. 그러나 그의 제자 플라톤은 그의 삶과 죽음에 관해 네 권의 책을 남겼다. 그의 재판은 역사적으로 실재했던 사건이고, 그가 사형 선고를 받고 갇혀 있던 감옥도 여전히 존재한다. 이런 사실로 유추할 때, 소크라테스는 마지막 소피스트임에 틀림없다. 지혜로운 자를 뜻하는 소피스트라는 말은 몇몇 악덕 소피스트들에 의해서 궤변론자와 동의어라는 불명예를 안게 되었지만, 여전히 소피스트가 갖고 있는 의미는 깊고 아름답다.

기원전 2000년 무렵 델포이 신전은 수확과 풍요를 상징하는 가이아를 위한 성지였다. 그러나 기원전 900년 무렵 인간이 자신들은 이룰 수 없는 절대적인 힘에 대한 숭배 사상을 갖기 시작하면서부터 델포이 신전은 태양의 신 아폴론을 위한 성지로 변했다. 고대 그리스에는 오늘날까지도 칠현인으로 불리는 일곱 명의 현명한 사람들이 있었는데, 어느 날 이 칠현인이 델포이 신전을 찾았다. 그들은 각자 자신의 좌우명을 이 신전에 새겼는데 칠현인 중 한 사람이었던 킬론은 신전 입구 정면에 "너 자신을 알라"는 자신의 좌우명을 새겼다. 훗날 소크라테스가 이 글을 발견하였고, 그의 가장 친한 친구 카이레폰은 아폴론 신전의 신탁소에서 "소크라테스보다 지혜로운 사람은 없다"는 여사제의 신탁을 듣는다. 이 두 가지 사건이 소크라테스의 운명을 바꾼 것은 분명하다. 지혜로운 사람, 즉 소피스트 소크라테스는 어쩌면 이때부터 진정한 소피스트가 되기를 바랐는지도 모른다.

소크라테스도 당시 아테네 남자들처럼 국가에서 필요로 하면 군대를 가고 전투에 참전하였다. 소크라테스는 모두 네 번에 걸쳐 전투에 참전했는데, 그중 두 번을 아테네의 지도자 알키비아데스와 함께했다. 알키비아데스와 함께한 첫 번째 전투에서 크게 부상을 입은 그를 구하면서 두 사람의 우정은 시작되었다. 후퇴라는 극한 상황 속에서도 동료를 먼저 구하는 모습, 추위를 잘 참고 얼음 위를 맨발로 걷는 모습 등 알키비아데스가 전하는 소크라테스는 진정한 군인 그 자체였다. 이런 소크라테스에게 신탁은 어떤 의미였을까? 카이레폰으로부터 여사제의 말을 전해들은 소크라테스는 처음에는 어리둥절하였을 것이다. 신은 결코 거짓말을 하지 않음을 전제로 할 때, 소크라테스는 사실을 확인하고 싶었을 것이다. 그래서 소크라테스는 아테네에서 지혜롭다는 사람들을 만나기 시작했고, 이때부터 '지혜로운 사람'이라는 타이틀을 건 진검 승부가 시작된다.

'지혜로운 사람'이라고 불리던 이들을 만난 다음 소크라테스가 내린 결론은, 그 자신 스스로의 무지를 알고 있다는 사실 하나뿐이었다. 킬론의 "너 자신을 알라"는 말을 소크라테스는 스스로 무지함을 인정할 줄 알아야 한다는 뜻으로 해석한 것이다. 이런 결론을 얻기까지 소크라테스 주변에는 두 종류의 무리가 생겨났다. 극단적으로 소크라테스를 미워하는 사람들과 마음 깊은 곳에서 진정으로 소크라테스를 좋아하고 존경하는 사람들이 그것이다. 결국 자신을 미워하는 사람들에 의해 젊은이들을 타락시키고 아테네가 믿는 신을 믿지 않는다는 죄목으로 고소당한 소크라테스. 오늘날의 관점에서 본다면 전자는 민사재판에 해당되고, 후자는 형사재판에 해당될 것이다. 당시 아테네에서는 고소·고발 사건이 너무 많아 끊임없이 재판이 열렸다고 한다. 재판에는 대부분 나이 많은 사람들이 하루 일당을 벌기 위해 배심원으로 참여하는 경우가 많았는데, 재판 당일 배심원이 결정되며, 그 수는 재판의 성격에 따라 달랐다고 한다. 소크라테스의 경우 아테네가 믿는 신을 믿지 않은 죄가 중죄에 해당되어 무려 500명의 배심원이 재판에 참여하게 되었다.

멜레토스는 뤼콘과 아뉘투스 등을 대표하여 아테네가 믿는 신이 아닌 다이몬이라는 정령을 믿는다는 죄목으로 소크라테스를 고소하였다. 고대 그리스의 시인 호메로스는 다이몬을 신 혹은 신의 힘이라는 뜻으로 사용하였고, 헤시오도스는 황금시대 사람이 다이몬이 되어 후세 사람을 이끌었다고 했다. 그러나 오늘날 일신교를 믿는 종교에서는 악마학Demonology의 어원을 다이몬에서 찾고, 악마와 악령을 총칭하는 '데몬'이란 말로 사용하고 있다. 그러나 소크라테스는 다이몬에 대해, 자신을 잘 억제시켜 주는 '양심의 소리' 혹은 '아주 좋은 정령'이라고 하였다. 소크라테스에 따르면 이 정령은 자신에게 '무엇을 해라'가 아닌, 단지 '무엇을 하지 말라'는 명령을 내린다는 것이다. 즉 소크라테스는 이 정령의 명령에 따라 스스로를 억제하고 절제할 수 있는 힘을 기른 것이다. 이 이야기만으로 우리는 소크라테스가 말하는 정령이 무엇인지 알 수 없다. 이 정령은 과연 무엇일까?

전쟁이라는 극한 상황 속에서 하루 24시간을 꼬박 한 자리에 서 있는 사람이 있다면, 그리고 그렇게 꼼짝 않고 서 있는 사람을 구경하기 위해 이부자리까지 준비하고 밤을 새워가며 그를 지켜보는 병사들이 있다면, 이들에게는 전쟁의 공포보다는 낭만이라는 말이 어울릴 것이다. 알키비아데스는 플라톤의 《향연》에서 자신이 경험한 소크라테스의 정령에 관한 이야기를 들려준다. 소크라테스는 그의 정령이 어떨 때는 아주 짧게 또 어떨 땐 아주 오래 자신에게 억제하는 말을 들려준다고 말한다. 소크라테스는 정령의 말을 듣기 위해 아침부터 다음날 아침까지 꼼짝 않고 한 자리에 서 있을 때도 있었다. 그런가 하면 순간적으로 정령의 말을 듣는 경우도 있는데, 다음은 플루타르코스가 자신의 영웅전에서 전하는 소크라테스의 정령에 관한 이야기이다. 소크라테스가 점술가 테오크리토스를 비롯한 친구들과 함께 아고라 광장으로 가던 도중 갑자기 걸음을 멈추더니 생각에 잠겼다. 생각에서 깨어난 소크라테스는 가까운 길을 두고 먼 길로 돌아가자고 제안했고,

친구들이 왜 그러느냐고 묻자 정령이 그렇게 명령했다고 말한다. 몇몇 친구들이 소크라테스와 함께 먼 길을 돌아 아고라에 도착하였을 때, 소 크 라 테스를 비웃으며 가까운 길을 택한 나머지 친구들은 아직 도착하기 전이었다. 그런데 한참 후 도착한 친구들의 옷은 오물로 범벅이 되어 있었고, 이유인즉 오는 도중 좁은 골목에서 돼지 떼를 만났다는 것이다. 소크라테스가 믿는 존재라기보다 소크라테스를 억제할 수 있게 도와주는 이런 다이몬은 과연 신일까? 소크라테스는 제우스를 비롯한 올림포스 산의 12신뿐 아니라 그들이 낳은 자식들도 신이며 그렇기 때문에 다이몬 또한 신이라고 주장한다. 그러나 멜레토스와 배심원들은 이런 다이몬이 신일지는 모르지만 아테네가 믿고 섬기는 신은 아니라고 결론 내린다.

소크라테스에게 씌어진 두 번째 죄목, 즉 젊은이들을 타락시킨 죄와 관련해 멜레토스는 아리스토파네스의 작품 《구름》속에 나오는 소크라테스를 가리켜 "카이레폰과 함께 뜬구름 같은 생각으로 신을 희롱하는 아주 몹쓸 궤변론자"라고 말한다. 다이몬을 믿는 소크라테스는 무신론자이며 젊은이들에게 말장난이나 가르치고 타락시킨 것이 틀림없다고 멜레토스는 주장한다. 배심원들도 다이몬이 신이 아니라는 편의 손을 들어 결국 소크라테스는 사형 선고를 받게 된다. 당시 아테네에서는 사형 선고가 내려짐과 동시에 바로 집행이 되었으나 소크라테스가 사형 선고를 받았을 때는 다행인지 불행인지 축제 기간이라 집행이 약 한 달 정도 연기된 것으로 알려진다. 소크라테스가 태어나기 아주 오래 전에 아테네는 강한 힘을 가진 크레타 섬의 왕 미노스의 명령에 따라 9년에 한 번씩 일곱명의 소년과 소녀를 괴물 미노타우로스에게 바쳐야 했다. 미노스의 폭정을 견디다 못한 아테네의 왕자 테세우스는 이 괴물을 죽이기 위해 직접 크레타로 떠났고, 이때 아테네 사람들은 테세우스가 괴물을 죽이고 크레타 섬으로부터 아테네를 독립시키면 델로스에 있는 아폴론 신전에 매

년 감사의 축제를 올리겠다고 약속하였다. 미노스의 미궁에 도착한 테세우스는 괴물 미노타우로스를 죽이고 미노스의 폭정으로부터 아테네를 독립시켰고, 아테네 사람들은 약속대로 델로스의 아폴론 신전에 매년 제물을 바치고 제사를 지냈다. 델로스로 배가 출발하여 돌아올 때까지 아테네 사람들의 축제는 계속되었고, 축제 기간 동안 사형은 금지되고 궂은일은 연기되었다. 소크라테스의 사형 집행 또한 델로스 축제 기간 동안 연기되고 있었다. 길다면 길고 짧다면 짧은 이 기간 동안, 소크라테스는 친구들과 자신을 따르는 젊은이들과 함께 많은 이야기를 나눈다. 죽음, 영혼, 이데아, 그리고 정의正義에 대해서.

죽음은 꿈도 꾸지 않고 자는 것과 같다고 정의한 소크라테스는 죽음을 찬양한다. 죽음은 머나먼 나라로의 여행이며, 그곳에 도착하면 자신이 그렇게 보고 싶어 한 호메로스와 헤시오도스를 비롯한 수많은 지혜로운 사람들을 만날 수 있다고 믿었기 때문에 기분 좋게 죽을 수 있다고 했다. 물론 이 모든 것은 영혼이 있어야 가능한 얘기다. 소크라테스는 분명 영혼이 있다고 믿었다. 플라톤은 자신의 저서인《국가》에서 호메로스의 에르 신화를 통해 영혼이 있음을 주장한다. 모든 영혼은 영혼의 세계에서 망각의 물을 마시고 과거의 모든 기억을 잊어야만 한다. 안타깝게도 전쟁터에서 죽은 에르의 영혼이 영혼의 세계에 도착했을 때, 신은 에르에게 영혼의 세계에서 일어나는 모든 일들을 보고 돌아가 사람들에게 알릴 것을 명령하며 망각의 물을 마시지 못하게 한다. 그렇게 해서 12일 만에 인간 세상으로 돌아온 에르의 영혼은 이미 부패된 자신의 육체 속으로 들어가 다시 살아난다. 에르는 자신이 본 영혼의 세계를 다른 사람들에게 들려줌으로써 영혼의 세계가 있음을 알려 준다. 소크라테스는 호메로스의 에르 신화를 믿었고 이 신화에 따르면 영혼은 절대로 죽지 않는다. 죽지 않을 뿐 아니라 영혼은 아주 좋은 것이다. 나쁜 것은 부정, 비겁함, 혹은 무지와 같은 것으로 육체가 사라지고 죽는 이유는 그 속에 이와 같은 나쁜 것이 있기 때문이다. 그러나 영혼 속에는 영혼을 더럽히거나 사라지게 하는 나쁜 것이 없다. 따라서 소크라테스는 영혼은 결코 죽거나 사라지는 것이 아니라고 말한다.

이데아에 관한 소크라테스의 생각도《국가》에서 보다 정확하게 드러난다. 같은 날씨지만 저마다 다르게 느끼고 같은 소리를 듣고 같은 물건을 보아도 다르게 듣고 보는 것이 인간이다. 이렇듯 부정확하고 불완전한 인간이 생각할 수 있는 가장 완전하고 완벽한 것, 소크라테스는 인간이 생각할 수 있는 가장 완전하고 완벽한 사물의 원형을 이데아라고 명명하였다. 실재 세계에서 인간이 감각으로 파악하는 것은 어딘가 모르게 불완전하지만 그러한 인간이 생각해 낸 가장 완벽한 것이 바로 사물의 이데아라는 것이다. 예를 들어 우리는 정삼각형을 떠올리면 세 변의 길이가 같고 세 각이 같은 그림을 머릿속에 그리지만 실제로 정삼각형을 그리라고 하면 어떤 사람도 생각과 똑같은 정삼각형을 그리지는 못한다. 이렇게 머릿속으로만 생각할 수 있는 사물의 원형이 바로 이데아이다.

마지막으로 정의正義에 관한 소크라테스의 생각 역시 플라톤의《국가》에서 살펴볼 수 있다. 소크라테스는 이상 국가를 건설하기 위해 한 국가에 살고 있는 사람들의 계급을 셋으로 나누었는데, 먼저 농업과 상업에 종사하면서 백성들에게 의식주를 제공하는 일반 서민 계급은 그 규모가 가장 크며 그들에게는 절제의 덕이 필요하다고 말한다. 다음으로 많은 군인 계급에게는 절제 외에 용기의 덕이 추가되고, 마지막으로 가장 적은 수의 지도자 계급에게는 절제와 용기, 그리고 지혜의 덕이 필요하다. 이 세 계급의 사람들이 각자 자신의 덕을 높여 정의가 실현될 때 이상 국가는 실현되며, 이상 국가나 이상적인 인간에게 꼭 필요한 절제, 용기, 그리고 지혜가 잘 조화를 이루는 것이 바로 정의라고 소크라테스는 말한다.

기원전 470년에 태어나 70세에 세상을 떠난 소크라테스는 어느 누구보다 자연스럽게 죽음을 받아들인 사람이다. 그가 죽음에 대해 초연할 수 있었던 것은 무엇보다 영혼 불멸에 대한 확실한 생각을 갖고 있었기 때문이다. 무신론자이며 젊은이들을 타락시켰다는 죄로 사형 선고를 받았지만, 그 스스로 정의로운 삶을 살았고 자신의 영혼은 결코 나쁜 짓을 하지 않았기 때문에 불멸한다는 생각을 가졌던 것이다. 소크라테스의 친구들은 그를 탈옥시키기 위해 많은 계획을 세웠고 아테네 정부 역시 골치 아픈 소크라테스를 다른 도시 국가로 추방하려 했으나 그는 언행일치言行一致가 무엇인지를 몸소 실천하였다.

사람들이 신을 믿는 것은 약하기 때문일까? 미래가 궁금해서일까? 판도라가 조금만 더 늦게 자신의 상자를 닫았거나 아예 닫지 않았다면, 델포이 신전에는 신탁을 받는 장소가 없었을지도 모른다. 그러나 판도라는 우리의 뜻대로 행동하지 않았고, 그 상자 속에는 여전히 희망과 미래, 행복, 그리고 또 다른, 인간이 모르는 무언가가 들어 있다. 만약 카이레폰이 여사제에게 묻지 않았다면, 소크라테스는 그저 평범한 소피스트로 살다 죽었을 것이다. 역사는 소크라테스를 성인으로 만들었고, 죽음에 초월한 사람으로, 그리고 정의를 실현하는 철학자로 기록했다. 그의 삶과 죽음에 대해 여전히 서로 다른 많은 주장들이 존재한다. 하지만 한 가지 분명한 것은 그의 재판은 분명히 있었고(기원전 399년 아테네에서 처형당한 사람의 명단에 소크라테스의 이름이 있다), 그의 제자였던 플라톤은 스승의 삶과 죽음, 그리고 철학에 관한 많은 책을 남겼다. 양심의 소리에 귀 기울인 사람, 불의를 인정하지 않았던 사람, 자신은 결코 현명한 사람이 아니라 오히려 무지한 사람이라며 몸을 낮춘 사람. 이런 철학자이기에 그의 삶과 죽음이 오늘날까지도 우리에게 좋은 교훈으로 남은 것이리라.

철학자 서정욱

소크라테스를 더 알고 싶다면

플라톤의 저서 중 이 책과 관련 있는 책

《소크라테스의 변론》,《파이돈》,《크리톤》,《에우티프론》,
《향연》

그 외 단행본

《역사적 소크라테스와 등장인물 소크라테스》, 박규철, 동
　과서, 2003
《소크라테스와 소피스트》, 박규철, 동과서, 2009
《소크라테스 두 번 죽이기》, 박홍규, 필맥, 2005
《괴짜 소크라테스의 괴짜 철학》, 송현, 솔, 2005
《소크라테스》, 루이-앙드레 도리옹 지음, 김유석 옮김, 이
　학사, 2009
《소설로 읽는 소크라테스와 아테네》, 드니 랭동 지음, 윤
　정임 옮김, 솔, 2007
《소크라테스와 악처 크산티페》, 프리드리히 로렌츠 지음,
　박철규 옮김, 도원미디어, 2006

《소크라테스: 영원한 인간상-진리의 첫 시민》, 코라 메이
　슨 지음, 최명관 옮김, 창, 2010
《소크라테스의 비밀》, I. F. 스톤 지음, 편상범, 손병석 옮
　김, 간디서원, 2006
《위대한 사상가들: 소크라테스, 석가모니, 공자, 예수》, 카
　를 야스퍼스 지음, 권영경 옮김, 책과함께, 2005
《소크라테스 이전과 이후》, 컨퍼드 지음, 이종훈 옮김, 박
　영사, 2006
《소크라테스의 재판》, 제임스 A. 콜라이아코 지음, 김승욱
　옮김, 작가정신, 2005
《소크라테스 회상》, 크세노폰 지음, 최혁순 옮김, 범우사,
　1998
《소크라테스》, C. C. W. 테일러 지음, 문창옥 옮김, 시공
　사, 2001
《소크라테스 최후의 13일》, 모리모토 테츠로 지음, 양억
　관 옮김, 푸른숲, 1997
《사랑 그 위대한 악법: 소크라테스 사랑을 말하다》, 크리
　스토퍼 필립스 지음, 이세진 옮김, 예담, 2009

옮긴이 박아르마

서울대학교 대학원에서 프랑스 현대문학을 전공하여 박사 학위를 받았다. 지금은 건양대학교에 재직하면서 글쓰기와 토론 강의를 하고 있다. 지은 책으로《글쓰기란 무엇인가》,《투르니에 소설의 사실과 신화》가 있고, 번역한 책으로《로빈슨》,《유다》,《살로메》,《노트르담 드 파리》,《춤추는 휠체어》,《까미유의 동물 블로그》,《에드몽 아부의 오리엔트 특급》,《축구화를 신은 소크라테스》등이 있다.

해제 서정욱

독일 하이델베르크대학교에서 철학박사 학위를 받았다. 현재는 배재대학교에서 철학을 가르치고 있다.
평소 철학적 사고는 어릴 때부터 이루어져야 한다는 생각을 가지고 어린이 철학과 철학의 대중화에 늘 관심을 가졌으며,《만화 서양철학사》를 발표함으로써 철학동화를 쓰기 위한 기초를 다졌다. 이후 초등학생과 중학생들을 위한 철학동화시리즈《거짓말과 진실》,《지혜를 사랑하는 사람들》,《플라톤이 들려주는 이데아 이야기》,《푸코가 들려주는 권력이야기》등을 발표하였고, 철학과 역사, 문학을 접목한《필로소피컬 저니》(문화관광부선정 우수교양도서)를 비롯해《철학의 고전들》(한국간행물윤리위원회선정 청소년권장도서),《철학, 불평등을 말하다》,《배부른 철학자》등을 통해 청소년과 성인을 위한 즐거운 철학 읽기를 시도하고 있다.

죽음, 그 평화롭고 아름다운
영혼의 여행 "소크라테스"
SOCRATES

초판 1쇄 발행 2012년 6월 11일

지은이 장폴 몽쟁
그린이 얀 르 브라스
옮긴이 박아르마
펴낸이 양소연

기획편집 함소연 진숙현 디자인 하주연 이지선 박진미
마케팅 이광택 관리 유승호 김성은 인터넷사업부 양채연 이동민 백윤경 이정돈 김정희

펴낸곳 등록번호 제25100-2001-000043호 등록일자 2001년 11월 14일

주소 서울시 금천구 가산동 60-3 대륭포스트타워 5차 1104호
대표전화 02-2103-2480 팩스 02-2624-4240 홈페이지 www.cobook.co.kr
ISBN 978-89-97680-01-6(04110)
ISBN 978-89-97680-00-9(set)

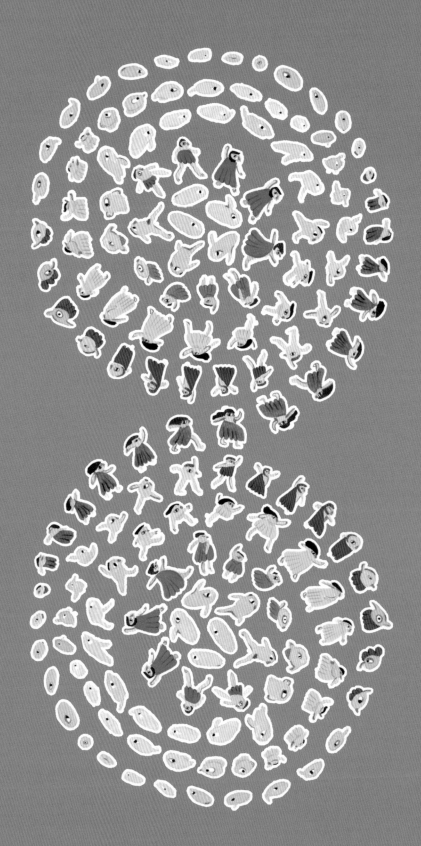